BEI GRIN MACHT S WISSEN BEZAHLT

- Wir veröffentlichen Ihre Hausarbeit, Bachelor- und Masterarbeit

- Ihr eigenes eBook und Buch - weltweit in allen wichtigen Shops

- Verdienen Sie an jedem Verkauf

Jetzt bei www.GRIN.com hochladen und kostenlos publizieren

Bibliografische Information der Deutschen Nationalbibliothek:

Die Deutsche Bibliothek verzeichnet diese Publikation in der Deutschen National-
bibliografie; detaillierte bibliografische Daten sind im Internet über http://dnb.d-
nb.de/ abrufbar.

Impressum:

Copyright © 2017 GRIN Verlag, Open Publishing GmbH
Druck und Bindung: Books on Demand GmbH, Norderstedt Germany
ISBN: 9783668592537

Dieses Buch bei GRIN:

http://www.grin.com/de/e-book/383816/merkmale-eines-erfolgreichen-unterricht-
seinstiegs-in-bezug-auf-die-unterrichtsplanung

Laura Wirths

Merkmale eines erfolgreichen Unterrichtseinstiegs in Bezug auf die Unterrichtsplanung im Rahmen des Praxissemesters

GRIN Verlag

GRIN - Your knowledge has value

Der GRIN Verlag publiziert seit 1998 wissenschaftliche Arbeiten von Studenten, Hochschullehrern und anderen Akademikern als eBook und gedrucktes Buch. Die Verlagswebsite www.grin.com ist die ideale Plattform zur Veröffentlichung von Hausarbeiten, Abschlussarbeiten, wissenschaftlichen Aufsätzen, Dissertationen und Fachbüchern.

05.04.2017

Bergische Universität Wuppertal

Sammelmappe für das Praxissemester

mit dem Thema

Merkmale eines „guten" Unterrichtseinstiegs

Vorbereitung des Praxissemesters

im Wintersemester 16/17

für das Modul

Vorbereitungs- und Begleitmodul zum Praxissemester – HRGe

Laura Wirths

3. Fachsemester im Master of Education (HRGe)

mit den Fächern: Chemie/Philosophie

Inhaltsverzeichnis

_____

1. Einleitung

1.1 Verortung der Sammelmappe

Diese Sammelmappe, als zu erbringende Studienleistung im Rahmen des Praxissemesters, dient den Absolventinnen und Absolventen des Praxissemesters in erster Linie zur Selbstreflexion über die eigene Unterrichtsplanung und -durchführung, sowie in dem Zusammenhang über die bestehende und zukünftig gewünschte eigene Lehrerpersönlichkeit. Die erste Phase dieser schrittweisen Reflexion fand bereits im Vorfeld des schulpraktischen Teils des Praxissemesters statt. Während des eigentlich schulpraktischen Teils wurde ebenfalls aktiv reflektiert und zwar in Form der Einsendeaufgaben. Diese forderten dazu auf, die eigene Persönlichkeit und erste Erfahrungen zu untersuchen, unterstützt durch Planungs-, Beobachtungs- und Analyseaufgaben. Nach dem Praxissemester findet nun der letzte Teil der Reflexion statt und zwar in Form des schriftlichen Berichts. Neben dieser Analyse der eigenen Lehrerpersönlichkeit und die aktive Arbeit an einer möglichen Optimierung dieser bildet das Studienprojekt den zweiten essenziellen Teil dieser Arbeit. Dieses wird folgend vorgestellt und ausgewertet, wobei die Ergebnisse mit denen aus der wissenschaftlichen Literatur verglichen werden, um eine gültige Aussage über Durchführung und Ausgang des Projekts treffen zu können.

1.2 Beschreibung der Schule

Die von mir besuchte Gesamtschule wurde im März 1990 als erste Gesamtschule durch einen Zweckverband zweier Nachbarstädte gegründet. Benannt ist sie nach einer Schriftstellerin und Vertreterin der deutschen Romantik, die viele ihrer Arbeiten der Frage nach dem Begriff der Gerechtigkeit gewidmet hat. In dieser Schule, die sich der Persönlichkeit ihrer Namensgeberin verpflichtet fühlt, sollten sich Lehrerinnen und Lehrer[1] sowie Schülerinnen und Schüler[2] also um eine Atmosphäre bemühen, in der Offenheit, Neugier und Toleranz sowie Vorurteilsfreiheit und der Einsatz für die Rechte Benachteiligter vorherrschen. Dieses Streben nach Gerechtigkeit fordert dazu auf, jedem Jugendlichen unter Berücksichtigung der individuellen Fähigkeiten und Begabungen sowie unter der Nutzung der möglichen vorhandenen Förderungsmaßnahmen in

---

[1] Fortan abgekürzt durch „LuL"
[2] Fortan abgekürzt durch „SuS"

besonderem Maße gerecht zu werden. Dementsprechend widmet sich die Schule auch ganz dem Integrations- und seit 1997 sogar schon dem Inklusionsgedanken und fördert die Werte-Erziehung der SuS mithilfe verschiedener sozialer Projekte. Die Architektur des Schulgeländes zeigt ebenfalls einige Besonderheiten und ist nach modernsten Standards mit pädagogischen Hintergedanken gebaut. Auf zwei gesonderten Schulhöfen gliedert sich das Schulgebäude in gleich mehrere Gebäude für die einzelnen Stufen auf. Daneben befindet sich im Hauptgebäude neben der Mensa, das Solarhaus mit viel Grün, eine Sonnenterrasse und ein Oberstufencafé. Seit Kurzem befindet sich dazu in beinahe jedem Klassen- und Fachraum ein internetfähiges Whiteboard mit integriertem Touchscreen.

Neben der Schulleitung werden rund 130 Lehrkräfte (auf etwa 90 Stellen) beschäftigt, die die über 1300 SuS unterrichten. Eine Schulstunde an dieser Gesamtschule dauert 67,5 Minuten. Insgesamt hospitierte ich, die Freistunden nicht mitgerechnet, bei elf Schulstunden pro Woche.

1.3   Persönliche Verortung

Wie wahrscheinlich die meisten anderen Studierenden auch freute ich mich vor dem Antritt des Praxissemesters auf dieses und war gespannt darauf, erste reale Erfahrungen aus dem Schulalltag einer Lehrperson sammeln zu können. Natürlich wurden von mir bereits im Rahmen verschiedener Praktika (Eignungs-, Orientierungs- und Berufsfeldpraktikum) des Bachelor-Studiengangs Erfahrungen gesammelt, doch war die Praxiszeit dort nur sehr kurz (etwa einen Monat) und ich hatte dort auch nur die Möglichkeit einige wenige Stunden selbst halten zu können bzw. keine wirkliche Möglichkeit überhaupt eine Beziehung zu den SuS und ebenfalls den Lehrpersonen aufzubauen. Dementsprechend kannte ich zwar das Gefühl, wie es ist vor knapp 30 Jugendlichen zu stehen, doch einen tatsächlichen Einblick in das Lehrerdasein, geschweige denn den Aspekt der Unterrichtsplanung, konnte ich dadurch nicht erfahren. Das Praxissemester bot mir nun die Gelegenheit mich in diesen Dingen zu erproben, wobei die Studienseminare und das Zentrum für schulpraktische Lehrerausbildung diese Prozesse und Arbeitsschritte begleiteten und Hilfestellungen leisteten.

Neben den sozialen Aspekten ist mir also die Erprobung meiner Unterrichtsversuche und die damit zusammenhängende Planung besonders wichtig. Eine interessante Unterrichtsstunde zu planen und zu moderieren ist ein grundlegender Teil eines guten Unterrichts und sollte somit nicht nur beherrscht, sondern perfektioniert werden. Auf dieser Grundlage bildet sich auch die

Begründung für die Auswahl meines Studienprojekts. Ich wollte mich intensiv mit der Stundenplanung auseinandersetzten und herausfinden, wann ein Unterricht für die SuS interessant und motivierend ist. Um dies zu konkretisieren untersuchte ich dazu explizit den Unterrichtseinstieg als erste und, wie ich finde, vielleicht wichtigste Phase einer Schulstunde. In meinem bisherigen Studium musste ich nämlich leider feststellen, dass diese Planung und Untersuchung einzelner Unterrichtsphasen leider etwas zu kurz kam, dafür dass sie den Kernpunkt der aktiven Tätigkeit einer Lehrperson bilden. Deshalb war es mir ein spezielles Anliegen, diese Aspekte während des Praxissemesters genauer zu beobachten um in meinem späteren Lehrerdasein davon zu profitieren zu können.

1.4 Stundenplan

	Uhrzeit	Montag	Dienstag	Mittwoch	Donnerstag	Freitag
1.	8.00 - 9.08	9.3 Chemie (G-Kurs[3])		9.1 Chemie (E-Kurs[4])	8.2 Praktische Philosophie	10.6 Praktische Philosophie
2.	9.13 - 10.20				9.1 Chemie (E-Kurs)	
3.	10.50 - 11.58	7.3 Chemie		10.4 Chemie (E-Kurs)	7.5 Chemie	6.4 Praktische Philosophie
4.	12.03 - 13.10					
5.	13.15 - 14.23	5.1 Praktische Philosophie				
6.	14.28 - 15.35	7.1 Chemie				

---

[3] Abkürzung für Grundkurs
[4] Abkürzung für Erweiterungskurs

2. Studienprojekt

2.1 Benennung der Forschungsfrage

Eine positive Lernatmosphäre bzw. ein lernförderndes Unterrichtsklima zu schaffen, kurzum eine Umgebung in der sich alle gegenwärtigen Parteien wohlfühlen und dadurch motiviert sind dem Unterrichtsgeschehen zu folgen und in ihm mitzuwirken, hat heutzutage bei bestehenden und künftigen Lehrpersonen oberste Priorität.[5] Es wird angenommen, dass die Lernbereitschaft der Schülerinnen und Schüler eng mit der Qualität der Beziehung zwischen dem Lehrenden und den Lernenden zusammenhängt. Beide Parteien tragen also die gemeinsame Verantwortung für eine Atmosphäre, die sich vorzugsweise durch Vertrauen, Sicherheit und gegenseitigem Respekt auszeichnet, wodurch ein stress- und angstfreies Lernen möglich sein sollte. So gesehen sollte bei einem positiven Lehrer-Schüler-Verhältnis der Lernerfolg garantiert sein, doch zeigt sich gerade im naturwissenschaftlichen Unterricht und so auch im Fach Chemie, dass dies nicht immer der Realität entspricht. So ist zwar nicht abzustreiten, dass in einem Umfeld, das geprägt ist von einem positiven interpersonalen Umgang miteinander die Lernbereitschaft der Beteiligten höher ist, als in einem solchen, wo dieser Umstand nicht gegeben ist, doch reicht es nicht aus nur Lehrende und Lernende als auschlaggebende Kraft für den Erfolg zu betrachten. Einen weiteren wichtigen Faktor bildet der Unterrichtsinhalt. So kann beobachtet werden, dass in Fächern wie z.B. Praktischer Philosophie[6] eine von Grund auf bessere Stimmung vorherrscht, als im naturwissenschaftlichen Unterricht und so auch im Fach Chemie, unabhängig von Lehrperson und Lerngruppe. Der Chemieunterricht leidet an dem Problem, dass viele seiner Themen und fachlichen Inhalte so alltagsfremd sind, dass es den Jugendlichen schwerfällt einen Zugang zur Thematik zu finden, was sich negativ auf ihre Motivation und somit auf die Arbeitsbereitschaft und die Lernatmosphäre auswirkt. Seit Jahren erforschen Didaktik und Wissenschaft diesen Umstand und versuchen ihn durch „kontextorientierte Unterrichtsentwürfe"[7] zu beheben. Aus diesem Grund kann auch eine zunehmende Bedeutung der Unterrichtseinstiege beobachtet werden, die als Startpunkt in ein

---

[5] Vgl. https://lehrerfortbildung-bw.de/u_mks/sport/gym/bp2004/fb2/03_kriterien/06_klima/01_hand/1_atmos/
[6] Fortan abgekürzt durch „PP"
[7] Vgl. Maja Brückmann, Eva Kölbach: „Wie ist der Löwenzahn aufs Dach gekommen?" – Ein kontextorientierter Einstieg für den naturwissenschaftlichen Unterricht der Klassenstufe 5/6 (2014), in: Naturwissenschaften im Unterricht, Heft 25 (S. 10-15)

4

neues Unterrichtsthema betrachtet werden und mit denen allgemein das Ge- oder Misslingen eines motivierten Unterrichtsverlaufs assoziiert wird. Nur ein guter Unterrichtseinstieg soll Motivation und Interesse in den Jugendlichen erwecken können und nur diese Motivation zur positiven Lernatmosphäre beitragen.

Diese Tatsache, zusammen mit der, dass Unterrichtseinstiege auch für die Prüferinnen und Prüfer bei der Lehrerbildung eine immer größere Rolle spielen, hat mich dazu verleitet meine Forschungsfrage aufzugreifen. Zunächst sollte gefragt werden, wie typische Unterrichtseinstiege bei unterschiedlichen Lehrpersonen aussehen und welche Methoden und Mittel dabei zum Einsatz kommen. Darauf aufbauend soll festgestellt werden, welche dieser Einstiege sich tatsächlich positiv auf die Lernatmosphäre auswirken und warum. Zu diesem Zweck wurden zunächst verschiedene Unterrichtseinstiege in den Fächern PP und Chemie von unterschiedlichen Lehrpersonen und unterschiedlichen Kursen mit Hilfe einer Checkliste, die sich an theoretisch fundierten Qualitätsmerkmalen und methodischen Mitteln orientiert, erhoben und zusammengefasst. Um anschließend herauszufinden, ob und inwieweit der jeweilige Einstieg das Interesse der Jugendlichen wecken und ihr Lernverhalten stärken konnte, habe ich im Anschluss an einige der Stunden einen Feedbackbogen zur weiteren Erhebung und Auswertung an die Schülerinnen und Schüler ausgeteilt, um eine ehrliche aussagekräftige Einschätzung der Beteiligten zu erhalten.

Im folgendem Unterkapitel soll eine theoretische Fundierung des Themas geschaffen werden. Basierend auf dessen Grundlagen und den erschlossenen Beobachtungen sollte es am Ende möglich sein die Forschungsfrage beantworten zu können: „Welche Merkmale sollte ein Unterrichtseinstieg aufweisen, damit er einen positiven Einfluss auf die Lernatmosphäre hat?"

2.2 Theoretische Fundierung

Die Unterrichtsplanung einer Lehrperson beginnt üblicherweise mit der allgemeinen Gestaltung der einzelnen Unterrichtsphasen. Klassischerweise handelt es sich dabei um eine Einstiegs-, Erarbeitungs-, gegebenenfalls Übergangs- und Sicherungsphase, die alle ihrem Namen entsprechende Funktionen enthalten. Der Unterrichtseinstieg, der hier genauer untersucht werden will, ist gleichzusetzen mit dieser ersten Phase der Gestaltung einer Unterrichtsstunde bzw. -einheit. Nicht verwechselt werden darf er mit der Unterrichts- oder Stundeneröffnung, die eher der Disziplinierung mithilfe von Ritualen oder der Klärung von Formalien im Plenum dient. Der Unterrichtseinstieg als diese erste Phase einer Unterrichtssequenz, führt in ein Thema ein und soll ganz allgemein darauf ausgerichtet sein, dass eine wechselseitige Beziehung zwischen den Menschen (den SuS) und der Sache (fachlicher Inhalt/Problem) hergestellt wird.[8] Diese Hauptfunktion des Einstiegs sagt aus, dass er nicht nur einleitend wirken, sondern vielmehr die SuS „packen" und für die weitere Vorgehensweise begeistern, „mit unmittelbarer oder mittelbarer Hilfe des Lehrers – die Schüler für das Thema und das Thema den Schülern erschließen"[9] soll. Kurzum will er gleichzeitig informieren und motivieren. Den SuS soll einerseits ein Thema präsentiert werden, wodurch ihr Interesse geweckt wird, andererseits sollen sie das Problem selbst finden/erarbeiten. Dadurch wird deutlich, dass ein „guter Einstieg" durchaus konträre Muster aufweisen kann. Er dient außerdem als Orientierungsrahmen und als Anfang des „roten Fadens", der sich optimaler Weise durch die gesamte nachfolgende Unterrichtseinheit zieht. Deshalb ist ein Kriterium eines guten Unterrichtseinstiegs das, dass der Folgeunterricht auch tatsächlich auf dem Einstieg aufbaut und als eine Art Bezugselement dafür sorgt, dass das eigentliche Thema bzw. das Ziel oder die Absicht, die verfolgt wird, nicht aus den Augen verloren geht. Würde der Einstieg nicht an z.B. die Erarbeitungs- und Sicherungsphase anknüpfen, würde der „Weg ins Leere"[10] führen. So kann ganz allgemein von einer „Abhol- und Mitnahmefunktion"[11] gesprochen werden, wobei der Unterrichtseinstieg symbolisch als Beginn einer Reise angesehen werden kann. Diese Reise kann jedoch nur dann stattfinden, wenn die SuS nicht bloß dazu gebracht werden diese anzutreten, sondern auch dazu ermutigt werden nicht wieder auszusteigen.[12] Deshalb sollten gelungene Unterrichtseinstiege immer auf Nachhaltigkeit ausgerichtet sein. Diese Nachhaltigkeit, also das Vermeiden eines Motivationsverlusts lässt sich am besten realisieren, wenn die SuS auf intrapersonaler Ebene intrinsisch motiviert werden. Das bedeutet, dass in den Jugendlichen selbst ein Anreiz bestehen muss, um sich mit einem gewissen Thema von sich aus beschäftigen zu wollen. Dies soll erreicht werden indem die Lebenswelt der SuS in den Unterricht und hier explizit in den Unterrichtseinstieg mit einbezogen wird.

Fächer, wie der PP-Unterricht, müssen sich mit diesem Problem nicht großartig beschäftigen. Ihr Inhalt bezieht sich durchgehend auf Fragen des Alltags und untersucht direkt die lebensweltlichen Erfahrungen der SuS. Bei den naturwissenschaftlichen Fächern ist dies

---

[8] Vgl. Thomas Hoffmann: Was ist ein guter Unterrichtseinstieg? (2002), in: Geographie heute, Heft 23, S. 39
[9] Hilbert Meyer: Unterrichtsmethoden II. Praxisband (1987/1994), Cornelsen Scriptor, Berlin, S. 123
[10] Thorid Rabe: „Bitte einsteigen" – Funktionen, Ziele und Dimensionen von Unterrichtseinstiegen (2014), in: Naturwissenschaften im Unterricht, Heft 25, S. 5
[11] Ebd. S. 4
[12] Vgl. Ebd. S. 4

problematischer. Die Chemiedidaktik muss sich stets bemühen Alltagsbezüge zwischen den Jugendlichen und den Unterrichtsinhalten herzustellen. Eine solche „Kontextorientierung"[13] ist oft schwer zu realisieren, da nicht jedes Thema so weit abstrahiert werden kann, dass ein direkter Alltagsbezug entsteht. So können auch historische, technische oder gesellschaftliche Bezüge als Kontext genutzt werden, um herauszufordern und die Neugier zu wecken.

Außerdem ist es für eine Lehrperson oft schwierig mit Gewissheit einschätzen zu können, was der tatsächlichen Lebenswelt der SuS entspricht, da sich die eigene von der ihren aufgrund des Altersunterschieds und sonstiger Umstände unterschieden wird. Demnach müssen die Voraussetzungen der SuS, darunter auch deren Vorwissen, immer und zu aller erst bei der Planung beachtet werden. Der Folgeunterricht kann dann dank des motivationsfördernden, alltagsorientierten Einstiegs, fachorientierter weitergestaltet werden, damit das geweckte Interesse auch voll genutzt werden kann. So kann das Spannungsverhältnis zwischen dem Kontext aus der Alltagswelt und der Fachsystematik durch diese schrittweise Vorgehensweise von Anfang an entschärft werden.[14]

Erst dann kann und sollte eine genaue Zielformulierung für den Einstieg vorgenommen werden. Diese kann beispielsweise darauf abzielen das Vorwissen der SuS zu aktivieren oder die SuS auf eine bestimmte Fragestellung während der Bearbeitung des Themas zu fokussieren. Ganz allgemein kann eine solche Zielstellung für die Einstiegsphase in ein neues Thema einen kognitiven oder einen affektiven Zugang bieten. Die folgende Abbildung [15] zeigt, welche Zielestellungen für Unterrichtseinstiege kognitiver bzw. affektiver Natur sind. Es gibt demnach viele Absichten, die während eines Einstiegs verfolgt werden können. Nicht immer geschehen sie beabsichtigt und gelenkt und nicht immer können sie bei allen realisiert werden.

Abb. 1: Zielstellungen für Unterrichtseinstiege

[13] Vgl. Maja Brückmann, Eva Kölbach: „Wie ist der Löwenzahn aufs Dach gekommen?" – Ein kontextorientierter Einstieg für den naturwissenschaftlichen Unterricht der Klassenstufe 5/6 (2014), in: Naturwissenschaften im Unterricht, Heft 25, S. 10
[14] Vgl. Michael W. Tausch: Didaktische Integration – die Versöhnung von Fachsystematik und Alltagsbezug (2000), in: PdN – Chemie in der Schule, Heft 37, 3, S. 179f
[15] Aus: Thorid Rabe: „Bitte einsteigen" – Funktionen, Ziele und Dimensionen von Unterrichtseinstiegen (2014), in: Naturwissenschaften im Unterricht, Heft 25, S. 6

Zusammenfassend lässt sich sagen, dass ein Unterrichtseinstieg bestimmte Qualitätsmerkmale[16] aufweisen kann. So schafft ein guter Einstieg ein Passungsverhältnis zwischen sich und dem Folgeunterricht. Er ist auf die Lerngruppe und ihre Interessen abgestimmt, passt zum Thema der Unterrichtsreihe und den folgenden Phasen, aber auch zur Lehrperson. Denn nur, wenn sie sich wohlfühlt, kann die Lehrperson sich authentisch präsentieren und Selbstsicherheit ausstrahlen. Letztlich kann nämlich ein Einstieg noch so gut geplant sein - sein Erfolg steht und fällt mit dem Lehrerauftreten.[17] Der Unterrichtseinstieg muss außerdem klar formulierte Ziele verfolgen und dem weiteren methodischen Gang der Unterrichtseinheit entsprechen, sowie deren Rahmenbedingungen schaffen.

Zuletzt sollen einige Beispiele[18] genannt werden, welche Art der Methoden üblicherweise beim Einstieg beobachtet werden können:

- hoher Grad an Lehrerlenkung vs. hoher Grad an Schülerselbsttätigkeit
- handlungsorientiert vs. sprachlich
- Einstieg bedingt den Folgeunterricht vs. der Folgeunterricht bedingt den Einstieg
- stärkerer affektiver Zugang vs. stärkerer kognitiver Zugang

Gebräuchliche Einstiege können dabei vom trockenen Lehrervortrag über handlungsorientierte induktive oder deduktive Vorgehensweisen hin zum aufwendigen Rollenspiel reichen. Meist sind Thema und Lehrperson diejenigen, die letztendlich entscheidend für die Umsetzung sind. Die Prüferinnen und Prüfer in der Lehrerbildung verlangen heutzutage immer aufwendiger inszenierte, spektakuläre „Einstiegsfeuerwerke"[19], Dinge, die sie selbst noch nicht gesehen haben. Doch können solche „Shows" desorientierend auf die SuS wirken, wodurch andere Phasen und die Fachsystematik leiden.

2.3   Forschungssettings und Beschreibung der Erhebung

Das von mir durchgeführte Studienprojekt widmet sich der Fremdbeobachtung zweier LuL im Chemieunterricht und einer Lehrperson im Fach PP. Dabei wurde die Beobachtungsperspektive

---

[16] Vgl. Thorid Rabe: „Bitte einsteigen" – Funktionen, Ziele und Dimensionen von Unterrichtseinstiegen (2014), in: Naturwissenschaften im Unterricht, Heft 25, S. 6f

[17] Vgl. Thomas Hoffmann: Was ist ein guter Unterrichtseinstieg? (2002), in: Geographie heute, Heft 23, S. 40

[18] Vgl. Johannes Greving, Liane Paradies: Unterrichts-Einstiege. Ein Studien- und Praxisbuch (1996), Cornelsen Scriptor, Berlin

[19] Vgl. Thomas Hoffmann: Was ist ein guter Unterrichtseinstieg? (2002), in: Geographie heute, Heft 23, S. 41

„Inhalt/Thema der Stunde" mit dem Beobachtungsfeld „Fachdidaktische Dimensionen" eingenommen.[20] Um meine aufgestellte Fragestellung beantworten zu können, entwickelte ich zunächst zur quantitativen Erfassung der Methoden und Ziele einiger Unterrichtseinstieg eine Checkliste[21]. Durch diese Liste sollte es mir möglich sein, Aspekte, wie die angewandten Methoden, Zielformulierungen und vorhandene Kontextorientierung festzustellen um zunächst ihre Anwesenheit und ihren Gebrauch zu bestimmen. Neben diesen Aspekten erfasst die Liste den Sprechanteil und in groben Zügen die Motivation (allgemeine Arbeitsbereitschaft durch Beteiligung) der SuS. All diese Punkte sollen untersucht werden, da sie in der Theorie Qualitätsmerkmale für einen „guten Unterrichtseinstieg"[22] sind. Eine Kommentarspalte sorgte außerdem für Klarheit bei teils offenen Fragestellungen der Liste (z.b. affektiv vs. kognitiv). Diese Motivation der SuS wird dann im zweiten Schritt genauer unter die Lupe genommen und zwar durch das Austeilen eines Schüler-Feedbackbogens[23] am Ende einiger Stunden. Dort sollen die SuS anonym beurteilen, inwiefern ihr Lernerfolg und ihre Motivation in der jeweiligen Stunde mit dem Unterrichtseinstieg zusammenhing, was ihnen besonders gut gefallen hat und ob sie Beispiele ihres Alltags in der Einstiegsphase wiederfinden konnten. Außerdem bot sich hierbei die Möglichkeit an, die SuS beurteilen zu lassen, ob sich der Einstieg gut in die restlichen Unterrichtsphasen eingliedert bzw. diese auf ihm aufbauen.

Insgesamt beobachtete ich drei Wochen lang die Einstiege im Chemie- und PP-Unterricht. Bei drei unterschiedlichen Lehrpersonen und damit neun Stunden pro Woche heißt das, dass insgesamt 27 Stunden erfasst wurden. Darunter befanden sich Kurse der Jahrgangsstufen 7-10. Eine Lehrperson (X) unterrichtete zwei 7. Klassen und einen 9er G-Kurs mit insgesamt drei von mir beobachteten Stundeneinstiegen pro Woche. Die andere Lehrperson (Y) unterrichtete ebenfalls eine 7. Klasse, einen 9er (zwei Mal) und einen 10er E-Kurs, denen ich in vier Stunden pro Woche hospitierte. Die letzte von mir beobachtete Lehrperson (Z) unterrichtete eine 5. und eine 10. Klasse, wonach ich dort zwei Stunden pro Woche hospitierte. Die LuL wurden vor der Erhebung über diese in Kenntnis gesetzt, doch wussten nicht was Ziel und Absicht meiner Arbeit war, sodass diese nicht verfälscht werden konnte.

---

[20] Vgl. Marc Böhmann, Regine Schäfer-Munro: Kursbuch Schuldpraktikum (2008), Beltz, Weinheim, S. 53
[21] Siehe Anhang 1
[22] Siehe hierzu Kapitel 2.2
[23] Siehe Anhang 2

2.4 Beobachtungsergebnisse

Die Erhebung wurde im Januar dieses Jahres durchgeführt und im Anschluss zusammengefasst. Zunächst ließ sich feststellen, dass ich bei gut einem Drittel (acht Stück) der aufgenommenen Daten das Feld „…dient der Wiederholung/Fortführung eines bereits behandelten Themas" ankreuzen musste, weshalb diese nicht primär zur Aussagekraft der Untersuchung beitragen können. Zwar sind auch solche Einstiegsphasen per Definition Unterrichtseinstiege, doch soll hier wie in Kapitel 1 dargelegt in erster Linie die Vermittlung von neuen fachlichen Inhalten und ein gewünschtes Wecken von Neugier u.ä. im Fokus stehen. Natürlich sind auch solche Phasen des „Übens und Wiederholens" wichtig und gewünscht, doch nicht Teil dieser Arbeit.

Weiterhin erscheint es sinnvoll bei der Zusammenfassung der Ergebnisse eben diese zu kategorisieren. In diesem Fall nach der jeweiligen Lehrperson, da sich dort schnell und bis zum Ende der Erhebung ein Muster abzeichnete. So vollzog Lehrperson (X) fast immer die gleiche Form des Einstiegs nach dem Motto „…heute beschäftigen wir uns mit…". Ihr eigener Sprechanteil war hoch, der eigentliche Einstieg kurz. Die Informationen wurden verbal vermittelt und auf die Aktivierung des Vorwissens der Jugendlichen weitestgehend verzichtet. Neben dem hohen Sprechanteil von (X) wurde daneben nur mit der Tafel gearbeitet, die SuS schrieben dazu immer ab. Die Unterrichtsbeteiligung dieser beobachteten Kurse war sehr gering und die Atmosphäre sehr unruhig und unkonzentriert. Ein Alltagsbezug bestand nur in den Folgephasen, wenn mit dem Buch gearbeitet wurde, welches seine Inhalte immer mit mehr oder weniger lebensweltlichen Phänomenen in Verbindung setzte. Die Zielstellung dieser Einstiege war kognitiver Natur und bezog sich nur auf das „Informieren" der SuS. Was den Folgeunterricht betraf, so war auch dieser immer der gleiche. Es wurde mit dem Buch bzw. einem Text, der an das Buch anlehnte gearbeitet und die Ergebnisse anschließend von den immer gleichen fünf bis sechs (Zahlen variieren von Kurs zu Kurs) SuS vorgestellt.

Lehrperson (Y) dagegen war sehr kreativ und vielfältig, wenn es um die Gestaltung der Unterrichtseinstiege ging. Diese Einstiege machten sich überwiegend durch den Gebrauch neuer Medien und Demonstrationsexperimenten aus. Diese Einstiege waren stark geprägt durch einen Alltagsbezug, der im Einstieg vorgestellt wurde und sich durch den Folgeunterricht zog. Auch hier ist es nicht immer eindeutig, wie nah die Vorstellung von (Y) über die Lebenswelt der SuS der Wahrheit entsprach (Beispiel Thermit-Verfahren bei Eisenbahnstrecken zum Thema der Redoxreaktion im 9er E-Kurs), doch existierte immerhin ein klarer Kontext. Mit den Einstiegen, die hier beobachtet werden konnte sollten die SuS sowohl kognitiv, als auch affektiv aktiviert werden. Die Probleme und Schwierigkeiten des neuen Themas wurden im Plenum ausgearbeitet, dementsprechend waren der Sprechanteil der Jugendlichen und der von (Y) ganz allgemein in etwa gleichzusetzen. Auch hier wurde der Unterrichtseinstieg aber hauptsächlich von der Lehrperson gelenkt. Die Kurse, die (Y) unterrichtete, erschienen jedenfalls motivierter zu sein und beteiligten sich wesentlich besser im Unterricht. Zwar war auch hier die Klasse 7. relativ unruhig, doch war die Mitarbeit und das allgemeine Lernklima sehr viel besser, als in den Kursen von (X).

Lehrperson (Z) ähnelt in ihrem Vorgehen Lehrperson (Y). Auch sie eröffnet ihren Unterricht vorzugsweise mithilfe neuer Medien. In fast jeder Stunde konnte beobachtet werden, dass ein Lied, ein kurzer Filmausschnitt oder ein Bild als stiller Impuls genutzt wurde, um die SuS zu aktivieren. Diese kannten das Vorgehen schon, sodass (Z) nicht einmal einen Arbeitsauftrag geben musste. Nachdem das Lied/der Film zu ende oder das Bild fertig betrachtet war, begannen die SuS ruhig untereinander zu sprechen. Nach 2-3 Minuten des Austauschs erst eröffnete (Z) die offene Diskussion im Plenum. Bei der 5. Klasse wurde zudem einmal der Einstieg durch ein Rollenspiel eröffnet. Dabei wurde im Vorfeld ein Schüler eingeweiht um an dem Spiel mitzuwirken und sich besonders schlecht zu benehmen (Thema war „Gesetze und Regeln"). Dieser Einstieg sorgte für viel Interesse und Erheiterung der Kinder, kostete aber viel Zeit, da er auch für Unruhe sorgte. Im Fall (Z) hat sich allerdings herauskristallisiert, dass der Sprechanteil der SuS wesentlich höher war, als im Fall der anderen beiden Lehrpersonen. Der Zugang war stärker affektiv und ein Kontext immer gegeben.

Der anschließenden Feedbackbogen wurde bloß drei Mal (in einer 7. Klasse von (X), einer 7. Klasse von (Y) und dem 10. Kurs von (Z)) ausgeteilt und begutachtet. Es wurde darauf geachtet, dass es sich hierbei nicht um Stunden hielt, die einem Einstieg nach dem Schema „Wiederholen und Üben" folgten und dass der Einstieg beider 7er Kurse in das gleiche Thema („Stoffeigenschaften – Löslichkeit von Stoffen") einführen sollte. Die 10. Klasse hatte ein anderes Thema. Auch hier bestätigte sich das, was meine vorherigen Beobachtungen bereits vermuten ließen. Die Kurse von (Y) und (Z) waren weitaus motivierter und zufriedener als der von (X). Die folgende Abbildung zeigen, wie viele SuS der Klasse 7. von Lehrperson (X) bei der Befragung zu 1.-8. „stimmt völlig" oder „stimmt eher" angekreuzt haben.[24]

---

[24] Für die Darstellung der genaueren Anzahl der SuS einer Klasse und die Häufigkeit ihres positiven Feedbacks siehe Anhang 3

Abb. 2: *Feedback zum Unterrichtseinstieg (X)*

Eine weitere Tabelle, mit den gleichen Kriterien, wurde ebenfalls für die Klasse 7. von Lehrperson (Y) angefertigt.

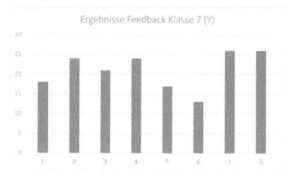

Abb. 3: *Feedback zum Unterrichtseinstieg (Y)*

Die letzte Tabelle zeigte die Feedback-Ergebnisse des Kurses von Lehrperson (Z).

Abb. 4: *Feedback zum Unterrichtseinstieg (Z)*

12

Es kann demnach klar beobachtet werden, dass die Klasse von Lehrperson (Y), die zu aufwendigeren, alltagsorientierten Unterrichtseinstiegen neigt, in denen die SuS ein hohes Maß an Eigentätigkeit besitzen, motivierter und zufriedener ist, als der Kurs, bei dem dies nicht der Fall war. Der Kurs von (Z) ist ebenfalls sehr zufrieden und interessiert an Einstieg und Thema, gibt allerdings an, dass der Lernerfolg nicht besonders hoch war.

2.5 Reflexion

Bereits am Anfang meiner Untersuchung fiel mir auf, wie eindeutig sich meine Beobachtungen in Bezug auf die agierende Lehrkraft voneinander abgrenzten. Dabei repräsentierte (X) eindeutig Beispiele für einen Unterrichtseinstieg, der sich nicht an den von mir in Kapitel 1.2 erarbeiteten Qualitätsmerkmalen[25] orientierte, sondern das genaue Gegenteil zeigte. Durch den Feedbackbogen wurde recht klar, dass die SuS, sofern sie den Einstieg überhaupt als solchen identifizierten, sich unmotiviert fühlten und daher auch ihr Lernverhalten negativ beeinflusst war. Ganz anders war es im Unterricht von (Y). Hier hat eine junge, engagierte Lehrperson viel Arbeit und Zeit in die Einstiege investiert und somit einen Unterricht erschaffen, der den Qualitätsmerkmalen entspricht. Die Jugendlichen bewerteten den kontextorientierten, schüleraktivierenden Einstieg als gut, was sich auch in meinen Beobachtungen wiederspiegelte. Die Schülerbeteiligung während dieser oft 10 bis 15-minütigen Phasen war sehr hoch und die anschließende Erarbeitungsphase energiegeladen. Auch (Z) zeigte, dass sie viel Zeit in die Unterrichtseinstiege investierte. Diese waren gefestigter als die von (Y) und die SuS auf den innovativen Einstieg eingestellt. Sie wurden weniger „überrascht" und kannten die Methoden der Lehrperson, sodass die Einstiegsphasen hier wirkten, wie in einem eingespielten Stück. Trotz dessen waren die SuS aber immer interessiert, da auch hier der Alltagskontext und die Schüleraktivität im Zentrum des Einstiegs standen.

Hierdurch zeigt sich, dass ein erfolgreicher, guter Einstieg lehrer- und nicht primär themen- oder fachabhängig ist. Dazu konnte in jedem Fall nachgewiesen werden, dass Einstiege, die den Qualitätsmerkmalen entsprechen, sich tatsächlich positiv auf die Lernatmosphäre auswirken. Wichtig hierfür scheint in erster Linie der Alltagsbezug mit affektivem Zugang zum Thema und

---

[25] Vgl. Thorid Rabe: „Bitte einsteigen" – Funktionen, Ziele und Dimensionen von Unterrichtseinstiegen (2014), in: Naturwissenschaften im Unterricht, Heft 25, S. 6f

eine provozierte Schüleraktivität zu sein. Beides benötigt viel Zeit und Planung, doch lohnt es sich, wenn dadurch ein fruchtbarer, entspannter Folgeunterricht ermöglicht wird.

Insgesamt bin ich mit meinem Forschungsergebnis zufrieden, vor allem, da ich das Glück hatte eine klare Antwort auf meine Forschungsfrage zu finden, indem ich eindeutige Positiv- und Negativbeispiele untersuchen konnte. Außerdem haben sich meine Vermutungen bezüglich des Ergebnisses bestätigt. Sicherlich wäre die Untersuchung noch exakter vonstattengegangen, hätte ich die Unterrichtseinstiege über einen noch längeren Zeitraum untersucht und noch weitere Beispiele herangezogen. Dennoch habe ich allein von Lehrperson (Y) und (Z) sehr viel lernen können und auch neben der Erhebung durch die Checkliste viele konkrete Beispiele für die Unterrichtsgestaltung aufnehmen können. Daneben ist auch klar, dass die Voraussetzungen für eine gute Lernatmosphäre und damit auch das Ergebnis meiner zweiten Erhebung durch den Feedbackbogen nicht vollkommen aussagekräftig sein können. Erstens hätte ich das Feedback viel häufiger für ein eindeutiges Ergebnis einholen müssen, doch hätte dies am Ende des normalen, fremdgesteuerten Unterrichts zu viel Zeit in Anspruch genommen. Zweitens ist zu bedenken, dass die Lernatmosphäre nach wie vor von mehr Aspekten abhängt, als von einem gelungenen oder nicht gelungenen Unterrichtseinstieg. Das Lehrer-Schüler- oder Schüler-Schüler-Verhältnis kann bereits so „gestört" sein, dass keine anderen Methoden zum Einstieg (z.B. bei (X)) möglich gewesen wären, als die beobachtete recht trockene Vorgehensweise. Ein Interview der Lehrperson und einiger SuS hätte darüber mehr Auskunft geben können. Außerdem muss immer zwischen G- und E-Kurs (im Fach Chemie) unterschieden werden, da die Grundhaltung und vorherrschendes Interesse dem Fach gegenüber in beiden Fällen sehr unterschiedlich ausgeprägt ist.

Zusammenfassend lässt sich sagen, dass hier nur ein oberflächlicher Versuch zur Überprüfung des Einflusses der Unterrichtseinstiege auf die Lernatmosphäre stattgefunden hat, aber dennoch eine klare Antwort auf meine Forschungsfrage gefunden werden konnte, die zusätzlich durch die theoretischen Aussagen gestützt wird. Ein alltagsbezogener Kontext und eine hohe Schüleraktivität scheinen ein Wundermittel gegen Lustlosigkeit und Frust zu sein. Ein mögliches Fazit könnte daher lauten, dass der Unterrichtseinstieg als „Motivationsspritze" für die SuS ein wichtiger Teil des Unterrichts ist und nicht vernachlässigt werden sollte, wenn ein positives Unterrichtsklima und eine gute Lernvoraussetzung geschaffen werden sollen.

3. Einsendeaufgaben

Einsendeaufgabe Nr. 1

1.

1.a) „Was würden Sie sich wünschen, was über Sie als angehende Lehrerin während des Praxissemesters gesagt wird."

Ich würde mir wünschen, dass mich die *Schülerinnen und Schüler* als autoritär und kompetent wahrnehmen und mir konkret sagen, dass ihnen der Unterricht von und mit mir gefallen hat. Außerdem möchte ich, dass sich die Jugendlichen in meiner Gegenwart wohl fühlen - ich somit ein angenehmes Lernklima ermögliche und sie fair behandle.

Seitens der *Eltern* wünsche ich mir, dass sie mich ebenfalls als kompetente Lehrkraft wahrnehmen und nicht bloß als die „Praktikantin". Es wäre schön von ihrer Seite aus ernst genommen zu werden.

Ich würde mir seitens der *Kolleginnen und Kollegen* wünschen, dass sie sagen, dass ich meine ersten Unterrichtsversuche gut und erfolgreich durchgeführt habe und ihnen eher eine Hilfe, als eine Last war. Ich würde mir wünschen als hilfsbereit, freundlich und umgänglich wahrgenommen zu werden.

Von der *Schulleitung* würde ich gerne hören, dass ich mich angemessen und professionell verhalten habe und dass es keine Klagen über mich gab. Ich würde mir auch hier wünschen, als kompetent wahrgenommen worden zu sein.

1.b) „Formulieren Sie zu den jeweiligen Sichtweisen konkrete und differenzierte Aussagen."

- Frau Wirths ist eine Lehrerin, die sich durchsetzen kann.

- Frau Wirths ist eine Lehrerin, die fachlich kompetent ist.

- Frau Wirths ist eine Lehrerin, die einen interessanten und abwechslungsreichen Unterricht gestaltet.

- Frau Wirths ist eine Lehrerin, die es allen SuS ermöglicht, sich in ihrem Unterricht wohlzufühlen.

- Frau Wirths ist eine Lehrerin, die fair und entspannt ist.

- Frau Wirths ist eine Lehrerin, die hilfsbereit und freundlich ist.

- Frau Wirths ist eine Lehrerin, auf die Verlass ist.

2.

„Was für ethische Prinzipien stecken hinter Ihrem Lehrerhandeln und hinter Ihrer Lehrerpersönlichkeit? Durch welches Menschenbild werden Ihr Handeln und Ihre Persönlichkeit geprägt?"

Ich möchte als Klassenoberhaupt wahrgenommen werden, dass sich mit Problemen auseinandersetzt und Verantwortungsgefühl ausstrahlt. Diese Verantwortung werde ich tragen, mich aber genauso an alle aufgestellten Regeln halten.

Ich behandle meine Schülerinnen und Schüler mit Respekt und erwarte auch ebendiesen von ihnen.

Ich will einen entspannten und humorvollen Unterricht gestalten, an dem die Schülerinnen und Schüler gerne teilnehmen.

Ich will immer ein offenes Ohr für meine Schülerinnen und Schüler, aber auch für meine Kolleginnen und Kollegen haben, sodass sich jeder einzelne als Individuum wahrgenommen fühlt.

→ Meine Einstellung bezüglich der Menschen ist die, dass jeder Mensch als Individuum wahrgenommen und demnach auf jeden persönlich eingegangen werden sollte. Dieses Menschenbild des *Humanismus* deckt sich mit meinen Wünschen insofern, dass ich jeden Schüler erreichen möchte, weshalb Fairness und das persönliche Wohlbefinden der Jugendlichen für mich an erster Stelle steht.

Einsendeaufgabe Nr. 3

1.

„Meine vier wichtigsten Regeln."

- In meinem Unterricht ist mir wichtig, dass alle Unterrichtsteilnehmer tolerant und respektvoll miteinander umgehen.

- Ich möchte in meinem Unterricht darauf achten, dass jeder Schüler / jede Schülerin die gleiche Chance hat, sich aktiv am Unterricht zu beteiligen und in seinen / ihren Stärken individuell gefördert wird.

- In meinem Unterricht ist mir wichtig, dass Unterrichtsstörungen, wie das unaufgeforderte Aufstehen und Herumlaufen, oder das Reinrufen bzw. Unterbrechen eines Gesprächs, vermieden und bei Verstößen konsequent bestraft werden.

- Ich möchte in meinem Unterricht darauf achten, dass feste Rituale, wie die Begrüßung und Verabschiedung, eingehalten werden.

2.

„Reflexion der ersten beiden Regeln."

a) Ein respektvoller Umgang zwischen allen Unterrichtsteilnehmern, also sowohl unter den SuS, sowie auch zwischen der Lehrperson und den Jugendlichen, ist der Grundbaustein für eine gute Lernatmosphäre und damit auch für einen erfolgreichen Unterricht, da eine Vielzahl an möglichen interpersonalen Unterrichtsstörungen vermieden werden kann. Dieser gegenseitige Respekt muss von vielen Kindern allerdings zunächst erlernt werden, weshalb es umso wichtiger ist, dass die Lehrperson das gewünschte Verhalten vorlebt und als Vorbild für Toleranz gilt.

Meine zweite Regel muss vor allem anderen für mich als Lehrperson von Bedeutung sein. Sie fordert, dass niemand vom Unterricht ausgeschlossen wird und jeder Jugendliche in seiner Leistung objektiv bewertet wird. Fast widersprüchlich soll dabei allerdings jeder in seinen Stärken gefördert werden. Dies darf aber unter keinen Umständen herabwürdigend vonstattengehen, sondern als durchgeplante Differenzierung in das alltägliche Unterrichtsgeschehen einfließen.

b) Nun, in meinem eigenen Unterricht habe ich diese Regeln als solche nicht umsetzen können, da ich eher „Gast" in der jeweiligen Klasse/Kurs war und deshalb nicht meine eigenen Regeln eingeführt, sondern die vorhandenen übernommen habe.

Jedoch kann die Regel eines „respektvollen Umgangs miteinander" wohl in jeder Klasse vorgefunden werden. Hier konnte ich unterschiedliche Erfahrungen sammeln. So konnte der Gedanke der Toleranz und des gegenseitigen Respekts im Verhalten der älteren SuS wiedererkannt werden, was bei den jüngeren noch ganz anders aussieht. In der 5. Bzw. 6. Klasse konnte ich bspw. beobachten, wie sich einige Schüler über einen Mitschüler lustig machten, der über eine geistige Beeinträchtigung verfügt. Ich als Praxissemesterstudentin bin dabei allerdings nicht in der Position den Taten der SuS Konsequenzen folgen zu lassen. Ich konnte lediglich der zuständigen Lehrperson Bericht erstatten.

Meine zweite Regel habe ich bewusst angewandt und in meinen eigenen Unterricht eingebunden. Durch Differenzierung habe ich, nach einigen Wochen des Kennenlernens, den SuS die Aufgaben zugeteilt, die am ehesten ihren Stärken entsprechen. Auch in den Gruppenarbeitsphasen des Chemieunterrichts habe ich den SuS bestimmte „Rollen" verliehen, wie den Protokollant, den Referenten, den Organisator etc. Dadurch konnte sich jeder in dem, was er am besten kann beweisen, was zusätzlich das Selbstbewusstsein der Jugendlichen stärkte.

Dass ich mich weiter professionalisieren möchte (und muss) steht natürlich völlig außer Frage. Da ich selbst noch Amateur im Beruf bin, ist es wichtig, dass ich mich z.B. bezüglich meiner ersten Regel weiterbilde. Ich habe mitbekommen, dass Workshops zum Thema „harmonisches und respektvolles Miteinander" an Schulen angeboten werden, was durchaus eine Maßnahme sein könnte, um mich und gleichzeitig die jüngeren SuS in z.B. einer Projektwoche durch gezielte Übungen in dem Thema weiterzubilden.

c) Leider musste ich feststellen, dass in den jüngeren Klassen, in denen ich Missstände beobachten konnte, wenig bis gar nicht interveniert wurde. Die jüngeren SuS gingen sehr oft respektlos und verletzend miteinander um und waren dann völlig uneinsichtig.

Sie wurden zwar kurz ermahnt, doch Konsequenzen folgten nicht. Dennoch ist festzuhalten, dass ich nicht einen Schüler/Schülerin beobachtet habe, der sich respektlos gegenüber einer Lehrperson verhalten hat.

Was meine zweite Regel angeht, muss ich leider auch sagen, dass ich die ein oder andere Handlungsweise der Lehrpersonen nicht gutheißen konnte. In einer Klasse musste ich z.b. beobachten, dass ein Schüler benachteiligt wurde, während ein anderer, sehr lauter Mitschüler, der konsequent die Arbeit verweigerte, aber offenbar ein freundschaftliches Verhältnis zur Lehrperson hatte, nicht einmal gemaßregelt wurde. Dementsprechend wurden die SuS nicht gleichberechtigt behandelt. In anderen Klassen, vor allem mit inklusiven SuS, konnte ich aber individuelle Förderung durch Differenzierungsmaßnahmen beobachten.

d)

Problemsituation	Pädag. Kunstfehler	Mögl. sinnvolle Intervention
Ein Schüler zeigt keinen Respekt, frecher Ton, unangemessene Wortwahl, provoziert Lehrer.	- Ignorieren - Sich provozieren lassen, persönlich nehmen - Respektlos antworten	Ruhig und sachlich bleiben (Standort wechseln etc); dann, je nach Schwere: - Deeskalieren durch humorvolle Bemerkung - Nonverbale Signale - Auszeit anbieten - Sofortige Auszeit - Später: Meditation durch dritte Person

→ Lohmann nennt weitere Problemsituationen, die dieser sehr ähnlich sind, sich aber innerhalb Schülergruppen abspielen. Auch hier bietet er fast identische Lösungsvorschläge an.

19

→ Für meine zweite Regel bietet er keine Lösungsvorschläge an, was nicht überraschend ist, da hier keine Problemsituation im Unterricht entstehen kann, sondern sich auf mich und meine Unterrichtsplanung bezieht.

Müsste ich diese Lösungsvorschläge bewerten, so würde ich seine Vorschläge als gut und logisch bewerten. Allerdings können sie nur dann angewandt werden, wenn es ein einmaliges Phänomen ist und/oder die Respektlosigkeit nicht allzu weit geht. Ich finde, dass in einem solchen Fall andere Konsequenzen angebracht wären, um dem Verhalten des Schülers auf den Grund zu gehen. Dazu wären z.b. Elterngespräche notwendig und ein Gespräch mit weiteren Lehrern um festzustellen, ob der Schüler allgemein ein Respektproblem besitzt, oder ob es sich um ein persönliches Problem handelt.

e) Es ist von äußerster Wichtigkeit, dass zu Beginn des Schuljahrs die Regeln thematisiert und wenn nötig wieder ins Gedächtnis zurückgerufen werden. Die SuS müssen sich der Regeln und Konsequenzen immer im Klaren sein und diese Konsequenzen müssen auch immer konsequent umgesetzt werden. Durch meine Beobachtungen habe ich festgestellt, dass diese Vorstellung bei vielen Lehrern nicht so präsent ist und dass das Schülerverhalten diesen Mangel an disziplinaren Vorgaben widerspiegelt. Ich habe für mich die Wichtigkeit von Regeln erkannt und möchte sie deshalb nie aus den Augen verlieren.

Einsendeaufgabe Nr. 4

4.

„Verschriftlichen der Auswertung"

Den Strategien-/Typen-Diagnosebogen setzte ich in einem E-Kurs der Jahrgangsstufe 9 im Fach Chemie ein. Die SuS kennen mich gut, da ich u. A. auch meinen Unterrichtsbesuch in dieser Klasse hatte. Meine eigene Einschätzung spiegelt hierbei auch das Feedback wieder, das ich von Lehrerseite erhalten habe.

Was meinen Umgang mit den SuS betrifft (Aussage 1-9), so deckt sich meine Einschätzung größtenteils mit der Bewertung des Kurses. Bis auf Aussage 1, die ich mit „stimmt selten" beantwortet habe, während die SuS mit einer weitaus positiveren Aussage antworteten, schätzte ich mich selbst als gut ein (kreuzte also die Möglichkeit „stimmt völlig" oder „stimmt meist" an), dem die SuS zustimmten. Durch diese beidseitige Einschätzung glaube ich, dass die Atmosphäre während meines Unterrichts gut war und die SuS sich weder gelangweilt, noch schlecht behandelt gefühlt haben. Ich selbst hatte zumindest den Eindruck, da die Jugendlichen mir stets freundlich begegnet sind und ich mein Unterrichtsvorhaben auch entspannt realisieren konnte.

Meine eigene Einschätzung über mein fachliches Wissen (Aussage 10) fiel eher negativ aus. Ich selbst kenne die Grenzen meines fachlichen Wissens und dass es zwar für den Schulunterricht ausreichend ist, aber dennoch nur Grundlagenwissen im eigentlichen „Fach" Chemie ist. Da die Jugendlichen allerdings meist über überhaupt kein Fachwissen verfügen, erscheint ihnen das meine als groß. Dementsprechend wich die Einschätzung der SuS von meiner eigenen im Positiven ab. Genauso schätzten sie die Gliederung der Unterrichtsabschnitte (Aussage 12) positiver ein, als ich selbst. Hierbei orientierte ich mich an dem Feedback, welches ich von der Lehrkraft in Bezug auf meine Unterrichtsplanung erhalten habe. Demnach wusste ich, dass ich mehr an dem Verfolgen eines „roten Fadens" bei dem Aufbau meiner Stunde arbeiten muss. Während die Aussage 13 deckungsgleich mit der meinen ist („stimmt völlig") unterscheidet sich meine Einschätzung der Aussage 14 von der der SuS. Während ich meinte, den Unterrichtsinhalt mithilfe von Alltagsphänomenen gut zugänglich machen zu können, scheinen dies die SuS anders zu sehen. Möglicherweise schätzte ich dabei die Lebenswelt der Jugendlichen falsch ein und wählte Anschauungsmaterial, dass vielleicht in meiner, aber nicht in ihrer alltäglichen Umgebung vorzufinden ist.

Die noch folgenden Punkte (Aussagen 16-21) schätzte ich anders ein, als die SuS. Was die Kontrolle und das Beobachten des Verhaltens der SuS anbelangt, so habe ich wenig darauf geachtet, weil mir das Interagieren mit den Jugendlichen und das Umsetzen meines Unterrichtsvorhabens wichtiger waren und deshalb in meinem Fokus standen. Demnach wählte ich hierbei die Optionen „stimmt zur Hälfte", „stimmt selten" oder „stimmt nicht", wohingegen die Einschätzungen der SuS positiver ausfielen. Genauso glaubte ich nicht alles mitzubekommen, was in der Klasse vorging, während die Jugendlichen den Eindruck zu haben schienen, ich würde alle Störungen mitbekommen.

Den letzten Punkt (Aussage 21) ließ ich in meiner Einschätzung bewusst aus, da ich keine Strafen androhe, geschweige denn sie aussprechen darf. Hier wählten die SuS die Einschätzung „stimmt meist".

Aus der Bearbeitung dieser Bögen schließe ich, dass meine Selbsteinschätzung sich in dem Feedback der Jugendlichen größtenteils wiederfindet. Ich denke, dass ich den SuS auf persönlicher Ebene gut begegnet bin und für eine gute Atmosphäre im Unterricht sorge. Allerdings glaube ich, dass ich die Jugendlichen besser kennenlernen muss, um interessanten, alltagsbezogenen Unterricht, der dazu gut strukturiert ist, planen und realisieren zu können.

Einsendeaufgabe Nr. 5

1.

„Schriftliche Reflexion des Gelungenen"

a) „Welche Punkte Lohmanns konnte ich in meinem Verhalten wiederfinden?"

Ich denke, dass ich im Laufe meines Praxissemesters schon einige der Punkte, die Lohmann beschreibt, meistern konnte. So machte ich von einigen der günstigen Kommunikationsformen[26] Gebrauch, wie etwa dem Ermutigen von Schülerinnen und Schülern[27] bei Unsicherheiten oder dem Loben. Dieses Loben betreffend kann ich auch behaupten, richtig gelobt[28] zu haben. Zwar bezieht sich dies nicht auf alle Punkte, doch zumindest auf die beschreibende Rückmeldung, die Ermutigung und die auf das Gesagte weiterführende Frage. Was das Ermutigen[29] angeht, so war ich stets bemüht den SuS zu vermitteln, dass ich an ihre Fähigkeiten glaube und dass sie das Gleiche tun sollten. Neben all dem kann ich mir auch zuschreiben, den SuS mit Respekt zu begegnen, um eine Beziehung zu fördern[30].

b) „Positiv-Beispiele"

- Ein Schüler der neunten Jahrgangsstufe, der dadurch auffällt, dass er sich nur wenig am Unterricht beteiligt und auch ansonsten sehr ruhig ist, hatte Schwierigkeiten beim Bewältigen einer Aufgabe. Auf die Frage hin, wo die Schwierigkeiten lägen, meinte er nur, dass er es einfach nicht versteht und scherzte mit „Ich bin einfach zu dumm". Daraufhin versuchte ich ihn zu ermutigen, indem ich ihm zu verstehen gab, dass ich daran glaubte, dass er es schaffen kann, da ich beim Herumgehen in den Arbeitsphasen immer den Eindruck hatte, er sei zwar ruhig, aber würde ansonsten sehr gute Arbeit leisten. Ich riet ihm es einfach normal zu versuchen, indem er sich Aufgabe und Text erneut durchliest

---

[26] Lohmann, Gert: „Mit Schülern klarkommen"; 11. Auflage (2014); stark gekürzte Zusammenfassung von Inga Neugebauer; S. 9
[27] Fortan als SuS abgekürzt
[28] Bezogen auf ebd.; S. 13
[29] Ebd.; S. 15
[30] Ebd.; S 16

und dass er sich dabei ruhig Zeit lassen sollte. Daraufhin war er motiviert genug, um sich der Aufgabe erneut zu stellen und stellte seine Arbeit auch später vor.

- Während einer Phase des Experimentierens im Chemie-Unterricht des 7. Jahrgangs lobte ich eine Dreiergruppe bestehend aus Mädchen vor dem ganzen Kurs, wie schnell sie den Versuch aufgebaut hatten und wie verlässlich sie an alle Sicherheitsmaßnahmen gedacht hatten. Im weiteren Unterrichtsverlauf waren sie auf noch mehr Lob aus und meldeten sich noch viele Male, um mir ihren Fortschritt und ihre Ergebnisse zu zeigen, wobei diese wirklich gut und schnell erarbeitet waren.

- Meine Mentorin gab mir einmal das Feedback, dass ihr aufgefallen sei, dass ich beim Herumgehen in den Arbeitsphasen nicht nur auf alle Fragen eingehe, sondern mich im Gespräch mit den SuS buchstäblich auf Augenhöhe begebe. Dies tat ich zwar unbewusst, doch sei dies für die SuS immer ein Zeichen dafür, dass sie gleichberechtigt seien, was dazu beitragen könnte, eine gute Beziehung zu ihnen zu fördern.

2.
„Schriftliche Reflexion dessen, was mir noch schwer fällt"

a) „Welche von Lohmanns Hinweisen konnte ich noch nicht an mir bemerken?"

Obgleich es schon einige Punkte gibt, bei denen ich froh bin, dass ich sie beherrsche gibt es natürlich auch Dinge, die sich in den Hinweisen Lohmanns wiederfinden, an denen ich noch arbeiten muss. So zum Beispiel das akzeptierend und nicht wertend auf Aussagen der SuS bei z.B. Problemen geantwortet werden soll. Außerdem fiel es mir schwer die Fortschritte der SuS festzustellen und demnach anzuerkennen und zu ermutigen, da ich bloß in Kursen anwesend war, die ich nur ein- bis zweimal die Woche sah und auch nur, sofern kein Seminar am ZfsL stattfand. Zudem habe ich Probleme mir den Ich-Botschaften. Ich müsste wirklich sehr darauf achten, wenn ich bloß diese aussenden wollte.

b) „Negativ-Beispiele"

- Ich bemerkte einen Streit zwischen zwei Schülern in der 6. Jahrgangsstufe während einer Arbeitsphase. Ich ging zu ihnen und forderte sie auf, sich lieber auf ihre jeweilige Arbeit zu konzentrieren. Doch die Schüler widersetzten sich dieser Aufforderung und wollten über den Vorfall reden. Ich versuchte beide Parteien zu verstehen, als weniger den Streit zu akzeptieren. Dementsprechend kamen in dieser Arbeitsphase für die beiden Schüler keine wirklichen Ergebnisse zustande.

- Ich habe mich dabei oft erwischt, Du-Botschaften zu senden. So in der gerade bereits genannten 6. Klasse, wo ein Schüler häufig für Störungen sorgte und oft während des Unterrichts herumlief und für Lärm sorgte. Es war nicht direkt ein „Du nervst!", wie in Lohmanns Beispiel. Aber dennoch deutliche Du-Botschaften, die das Verhalten des Schülers kritisierten.

c) „Woran lag das Misslingen?"

In der zuerst genannten Situation hätte ich mich nicht in den Streit involvieren lassen sollen. Ich hätte beide Standpunkte akzeptieren sollen, um den Streit für den Moment des Unterrichts beiseite zu stellen. Dann hätte ich ggf. die Schüler auseinandersetzen müssen, damit dies gewährleistet wäre. Nach dem Unterricht hätte dann der Streit nach der kurzen Auszeit diskutiert oder beide Schüler zu den Streitschlichtern geschickt werden können.

Im zweiten Beispiel hätte ich klare Ich-Botschaften senden sollen. Dadurch, dass ich es nicht tat, appellierte ich an den Trotz des Schülers, sodass ich seine Taten vielleicht sogar noch verstärkt habe. Ich hätte vielleicht auch dort bereits die Auswirkungen seines Verhaltens beschreiben sollen und klare Wahlmöglichkeiten angeben, für die er sich von diesem Zeitpunkt an entscheiden könnte, um die negativen Auswirkungen für ihn abzuwenden.

4. Resümee

4.1 Selbstreflexion

Der schulpraktische Teil des Praxissemesters hat mich weiter darin bestärkt, die richtige Entscheidung in meinem angestrebten Bildungsabschluss und der damit zusammenhängenden Berufswahl getroffen zu haben. Ich habe die Zeit an der Gesamtschule sehr genossen und mich gut aufgehoben gefühlt. Ich habe außerdem festgestellt, dass auch meine Fächerwahl die richtige war, obgleich ich im Studium oft Zweifel hatte (aufgrund der hohen Anforderungen des Studiengangs Chemie). Auch habe ich zu einigen der SuS, die ich öfter als nur ein Mal die Woche gesehen habe, eine persönliche Beziehung aufbauen können und glaube, dass dieser soziale Aspekt nicht nur eine große Rolle im Lehrberuf spielt, sondern diesen dadurch auch aufwertet. In den bisherigen Praktika war dies nicht so möglich gewesen, da die Verweildauer an den Schulen sehr kurz war und ich mit meiner Fächerkombination die Klassen bloß ein bis zwei Mal die Woche „gesehen" habe. Außerdem ist es erstaunlich, dass sich die Jugendlichen sofort auf mich als Lehrperson eingestellt haben, sodass meine ersten Unterrichtsversuche überhaupt erst problemlos stattfinden konnten. Jedoch glaube ich, dass ich an meinem Kompetenzbereich „Erziehung" arbeiten muss, denn machte mich eine Lehrperson darauf aufmerksam, dass gerade bei den jüngeren Kursen (5., 6. Klasse) oftmals Unruhe während meines Unterrichts geherrscht habe, die ich überhaupt nicht wahrgenommen habe.

Auch der kollegiale Umgang mit den LuL der Schule an sich war während der Praxiszeit angenehm und ermutigend. Ich schätze sehr, wie viel Zeit sich die Lehrpersonen genommen haben, um sich mit mir auszutauschen, mir bei der Unterrichtsplanung zu helfen oder Feedback zu geben. Dieses Feedback nahm ich mir dabei sehr zu Herzen und glaube dadurch nun noch mehr an meine eigenen Fähigkeiten.

In meiner Lehrerrolle fühle ich mich dank des Praxissemesters nun sicherer als zuvor. Ich konnte meinen Unterricht realisieren, habe durchaus feststellen können, dass in meinem Unterricht bei den Jugendlichen ein Lernprozess stattgefunden hat und wurde vom Positivfeedback der LuL bestärkt und ermutigt. Ich weiß natürlich, dass ich noch viel zu lernen habe, gerade was die Unterrichtsgestaltung angeht, doch habe ich in diesen ersten Versuchen zumindest feststellen können, dass die Grundlagen, die ich mitbringe, schon ganz gut sind.

Während ich nun die Möglichkeit des „Ausprobierens" hatte, muss ich zukünftig genauer darüber nachdenken, wie ich meinen Unterricht fachlich, methodisch und didaktisch genauer plane und durchführe. Diese Arbeit handelte von dieser Unterrichtsgestaltung bzw. einem Teil von dieser, wodurch mir ihre Wichtigkeit nur noch mehr in den Fokus gerückt ist. Durch die Unterhaltungen mit den LuL und auch den Referendaren weiß ich nun, wie viel tatsächlich gerade in diesem Punkt von den Ausbilderinnen und Ausbildern erwartet wird. Ich bin mir also bewusst, dass ich daran, genauso wie an weiteren Kompetenzbereichen, die ich im Praxissemester noch nicht erproben konnte, arbeiten muss, wenn ich ins Referendariat starte. Trotz dessen bin ich dankbar für die Erfahrung des Praxissemesters, da ich so schon einmal einen kurzen Einblick in meine Zukunft erhaschen konnte.

4.2 Ausblick

Wie ich bereits in 4.1 anmerkte, ist mir klar, dass ich noch viel zu lernen habe. Mein Masterstudium neigt sich dem Ende zu, sodass das Referendariat als nächster Lebensabschnitt kurz bevorsteht. Deshalb sind meine Vorhaben, das weitere Einüben der Gestaltung von Unterricht und das Erforschen von Methoden und Lehrplänen, diejenigen, die ich im Anschluss an dieses Semester durchführen werde. Das Studium hat zwar diese Aspekte als Inhalt einiger bildungswissenschaftlicher Seminare behandelt, jedoch lange nicht in dem Umfang, der nötig wäre, um bereits am Anfang des Referendariats guten Unterricht vorzeigen zu können.

Zukünftig möchte ich als kompetente Lehrerin demnach gut strukturierten Unterricht planen und realisieren können. Ich möchte fachlich sicher sein und den SuS einen motivierenden Unterricht bieten können. Ich möchte die älteren SuS herausfordern und die jüngeren erziehen. Ich will, dass sich die Jugendlichen bei mir wohlfühlen und das Gefühl haben, sich mir anvertrauen zu können. In jedem Fall wünsche ich mir, dass ich es schaffe an mir und meinen Fähigkeiten so zu arbeiten, sodass sie irgendwann dem Bild, das ich mir von mir selbst mache, auch wirklich entsprechen.

Literaturverzeichnis

Hilbert Meyer: Unterrichtsmethoden II. Praxisband (1987/1994), Cornelsen Scriptor, Berlin

Johannes Greving, Liane Paradies: Unterrichts-Einstiege. Ein Studien- und Praxisbuch (1996), Cornelsen Scriptor, Berlin

Michael W. Tausch: Didaktische Integration – die Versöhnung von Fachsystematik und Alltagsbezug (2000), in: PdN – Chemie in der Schule, Heft 37, 3, (S. 179-181)

Thorid Rabe: „Bitte einsteigen" – Funktionen, Ziele und Dimensionen von Unterrichtseinstiegen (2014), in: Naturwissenschaften im Unterricht, Heft 25 (S. 4-9)

Maja Brückmann, Eva Kölbach: „Wie ist der Löwenzahn aufs Dach gekommen?" – Ein kontextorientierter Einstieg für den naturwissenschaftlichen Unterricht der Klassenstufe 5/6 (2014), in: Naturwissenschaften im Unterricht, Heft 25 (S. 10-15)

Thomas Hoffmann: Was ist ein guter Unterrichtseinstieg? (2002), in: Geographie heute, Heft 23 (S. 39-41)

Marc Böhmann, Regine Schäfer-Munro: Kursbuch Schulpraktikum (2008), Beltz, Weinheim

https://lehrerfortbildung-bw.de/u_mks/sport/gym/bp2004/fb2/03_kriterien/06_klima/01_hand/1_atmos/

28

Anhang

Anhang 1:

Checkliste zum Thema

Datum:

Klasse:

Thema der Stunde:

	ja	nein	Kommentar
Der Einstieg...			
• dient der Wiederholung/Fortführung eines bereits behandelten Themas			
• leitet in ein neues Thema ein			
• erteilt Informationen zum neuen Thema			
• aktiviert erfolgreich das Vorwissen der SuS			
• verfolgt ein klar zu erkennendes Ziel/klar zu erkennende Ziele. Diese sind eher... - Kognitiv - Affektiv			
• verfügt über einen alltagsbezogenen Kontext			
• dieser Kontext entspricht (wahrscheinlich) der Lebenswelt der SuS			
• dieser Kontext entspricht einem nicht direkten anderen lebensweltlichen Bezug (Technik, Historie, Gesellschaft)			
• ist handlungsorientiert			
• findet hauptsächlich verbal statt			
• hat die Rahmenbedingungen für den Folgeunterricht geschaffen, der auf ihm aufbaut.			
Die Lehrperson...			
• investiert viel Zeit für den Einstieg (>7 Minuten)			
• lenkt den Einstieg größtenteils			
• weist einen hohen Sprechanteil auf			
• verwendet „neue Medien"			
Die SuS...			
• haben hohen Anteil an Selbsttätigkeit			
• erhalten hohen Sprechanteil			
• beteiligen sich größtenteils (hoher Anteil)			
• wirken interessiert			

Anhang 2:

Feedbackbogen

Datum:

Klasse:

Thema der Stunde:

		Stimmt völlig	Stimmt eher	Stimmt wenig	Stimmt nicht
1.	Das heutige Thema hat mir gut gefallen.				
2.	Ich habe heute viel Neues gelernt.				
3.	Den Unterrichtseinstieg fand ich dabei besonders gelungen.				
4.	Der Einstieg in den Unterricht hat zu meinem Lernerfolg und meiner Motivation beigetragen.				
5.	Ich wollte mich von Anfang an am Unterricht beteiligen und hatte auch die Möglichkeit dazu.				
6.	Ich konnte von Beginn an Beispiele aus meinem Alltag mit dem vermittelten Inhalt in Verbindung setzen.				
7.	Der gewählte Unterrichtseinstieg hat meiner Meinung nach gut zum Rest der Stunde gepasst.				
8.	Ich würde mir wünschen, dass der Unterricht öfter so beginnt, wie heute.				

Anhang 3:

Darstellung der Ergebnisse der Feedback-Befragung

Frage	1.	2.	3.	4.	5.	6.	7.	8.
Anzahl der SuS, die positives Feedback gaben (X) (Gesamtzahl der SuS dieser Klasse: 24)	6	9	2	2	5	0	18	6
Anzahl der SuS, die positives Feedback gaben (Y) (Gesamtzahl der SuS dieser Klasse: 26)	18	24	21	24	19	13	26	26
Anzahl der SuS, die positives Feedback gaben (Z) (Gesamtzahl der SuS dieses Kurses: 19)	19	11	19	17	15	18	19	18

Frage	1.	2.	3.	4.	5.	6.	7.	8.
Anzahl der SuS, die negatives Feedback gaben (X) (Gesamtzahl der SuS dieser Klasse: 24)	18	15	22	22	19	24	6	18
Anzahl der SuS, die negatives Feedback gaben (Y) (Gesamtzahl der SuS dieser Klasse: 26)	8	2	5	2	7	13	0	0
Anzahl der SuS, die negatives Feedback gaben (Z) (Gesamtzahl der SuS dieses Kurses: 19)	0	8	0	2	4	1	0	1

9 783668 592537